1. « La force du destin » 5'09"

2. « La Traviata » 3'53"

3. « Aïda » 2'36"

4. « Rigoletto » 1'44"

5. « Nabucco » 0'41"

6. « Un bal masqué » 0'55"

CONTES ET GRANDES MUSIQUES

Un conte écrit et raconté par

Marlène Jobert

Pour faire aimer la musique de VERDI

Illustrations : Nancy Ribard

EDITIONS ATLAS

Il s'appelait Léon. Léon Ladre. C'était un homme égoïste, aigre, toujours grognon et, bien que très riche, d'une avarice... extrême. Bref, un véritable vieux grigou, que tout le monde surnommait « Léon Pets d'mouches ». Pourquoi Pets d'mouches ?
Vous allez vite le comprendre...
Ce Léon Pets d'mouches, donc, avait un frère, Joseph, qui heureusement ne lui ressemblait pas : mais alors pas du tout ! Joseph était délicat, bienveillant, toujours de bonne humeur et surtout d'une très grande générosité... Et pour supporter l'épouvantable caractère de Léon, il en fallait, de la générosité ! Des monuments de générosité !
Que dis-je, des monuments... des montagnes !

Chaque fois que Joseph rendait visite à Léon, il était bombardé de reproches. Des reproches qui concernaient la plupart du temps les dépenses qu'il consacrait à son immense passion : la musique. Pour aller écouter des concerts ou des opéras, il n'hésitait jamais en effet à faire de longs et coûteux voyages... Et cela mettait chaque fois son vieil avare de frère hors de lui.

Léon – Tout ce gâchis d'argent, pour quoi ? Pour quoi, je vous le demande ? Pour le plaisir des oreilles de Monsieur ! Non mais enfin, quel gaspillage ! Ça n'a pas de sens, tonnerre de pets d'mouches !

Et chaque fois Joseph essayait de lui expliquer :

Joseph – Ah, mon cher Léon, je sais que tu ne peux pas comprendre. Tu n'as jamais voulu écouter de musique ! Je suis sûr que si tu assistais à un opéra, de Giuseppe Verdi, par exemple, tu changerais d'avis ! Allez, Léon, arrête de faire ton grognon, et au moins une fois dans ta vie laisse-moi t'emmener, c'est moi qui t'invite !

Mais rien n'y faisait, Léon Pets d'mouches toujours refusait.
Joseph regrettait infiniment de n'avoir jamais réussi à le convaincre.
Avait-il secrètement espéré que la musique parvienne à adoucir le caractère de son frère ? Peut-être !
Seulement voilà : ce caractère, qu'il avait de plus en plus de mal à supporter, commençait à épuiser son admirable patience...
Et un jour il arriva fatalement ce qui devait arriver : il renonça à répondre à l'aigreur toujours aussi blessante et agressive de Léon. Il n'essaya même pas de le calmer ; il le quitta sans un mot... Depuis, les frères Ladre ne s'étaient jamais revus.

Au fil des années, Léon devint de plus en plus riche, de plus en plus solitaire et de plus en plus détestable. À part l'argent, rien dans la vie ne l'intéressait. Son cœur était desséché… mais desséché au point qu'il resta complètement indifférent quand il apprit la mort de son frère ! C'était un 24 décembre au matin ; 24 décembre ou pas, pour Léon, c'était un jour ordinaire. Mais ce qui lui arriva la nuit suivante… Ça alors ! n'avait rien d'ordinaire.

Imaginez... Nous sommes donc la veille de Noël. Il règne une délicieuse atmosphère de fête dans toutes les maisons... Dans toutes, sauf dans celle du vieux grigou. Que peut-il bien faire, lui, en ce début de soirée ? Eh bien, il est encore dans son sinistre bureau avec son jeune employé, à compter, recompter et rererecompter ses sous. Les rires et les chants qui parviennent des ruelles agacent notre Léon Pets d'mouches. Il déteste cette coutume, qui veut que ce soir-là les enfants du quartier s'arrêtent devant chaque maison, pour présenter leurs vœux. Et quand ils arrivent sous ses fenêtres, Léon explose :

« Je n'ai que faire de vos souhaits et de cette stupide fête de Noël ! Je n'vous ai rien demandé, petits morveux... Mais fichez-moi la paix, tonnerre de pets d'mouches ! »

Et ce qu'il fait ensuite est vraiment... vraiment méchant : il balance un grand seau d'eau glacée sur la tête de ces pauvres petits ! Vous le croyez, ça ?
Un peu plus tard, il quitte enfin son tabouret. C'est un signal pour son jeune employé, qui range aussitôt sa table, pressé de rejoindre sa famille.

Son employé – Bonsoir, monsieur, et joyeux No...

Léon – Ah ! vous n'allez pas vous y mettre aussi ! Allez, bon vent, à demain...

Son employé – Mais, monsieur, demain, c'est Noël et...

Léon – Et alors ! Qu'est-ce que j'en ai à faire, moi, de votre Noël, tonnerre de pets d'mouches ! Non, non, non, vous viendrez comme d'habitude !

Alors le malheureux jeune homme s'en va, la tête basse. Que voulez-vous qu'il dise ou qu'il fasse ? Même s'il ne gagne que trois sous, il ne tient pas à perdre sa place.

Léon ferme alors ses serrures à triple tour, engloutit sa sinistre soupe, monte dans sa sinistre chambre, enfile ses sinistres peignoir, pantoufles et bonnet de nuit… puis se met au lit. Mais à peine est-il couché qu'il entend… une musique. Une musique venant du rez-de-chaussée, très faiblement d'abord, puis de plus en plus présente, comme si elle montait l'escalier. Elle glisse maintenant dans le couloir, s'approche, s'approche. Léon devient tout pâle. Et tout à coup une vapeur blanchâtre à forme humaine, traverse la porte et se plante devant lui :

Le fantôme de Joseph – BONSOIR, LÉON !

Cette voix, qu'il reconnaît aussitôt, le glace jusqu'à la moelle des os.

Léon – C'est… c'est toi, Joseph ? On m'a dit que tu étais mort. C'est ton fantôme, alors ! Et pourquoi viens-tu me tourmenter avec ton fantôme ?

Le fantôme de Joseph – Je ne suis pas ici pour te tourmenter, mais pour t'avertir, mon pauvre frère, que si tu t'obstines à ne pas vouloir changer, à rester égoïste et mauvais, de lourdes chaînes t'attendent en enfer. Il te reste encore une chance d'échapper à cela, une seule. Écoute-moi bien… Cette nuit même, tu vas recevoir trois visiteurs. Ce sont les trois génies de Noël. Si tu veux sauver ton âme, suis-les, et surtout, surtout, par pitié, ouvre ton cœur… Voilà ! C'est tout ce que je peux faire pour toi, mon frère !

Et en trois secondes, le fantôme de Joseph s'évanouit, en même temps que la musique qui était venue avec lui.

Le vieux grigou est bien un peu troublé, mais...

Léon – J'ai dû rêver ! Les fantômes n'existent pas, et puis cette musique, d'où venait-elle, hein ? Ça n'a pas d'sens, tonnerre de pets d'mouches ! J'ai rêvé, et puis voilà !

Il se tourne et retourne dans ses draps : le sommeil ne vient pas. L'horloge de l'église voisine sonne les douze coups de minuit. Et c'est alors que lentement, très lentement, les rideaux de sa fenêtre s'entrouvrent pour livrer le passage... à un ange. Un ange au visage d'enfant, tout vêtu de blanc.

Le premier génie – Je suis le génie des Noëls passés ! Levez-vous, venez avec moi, nous allons voyager. Voyager dans le temps ! lui dit-il en lui prenant le bras doucement.

À peine l'a-t-il touché que Léon Pets d'mouches se sent devenir léger, étrangement léger... Et voilà qu'avec le petit génie ils traversent les murs de sa maison. Et en même temps qu'ils s'élèvent dans les airs... s'élève aussi un chœur de voix douces, comme si toute une volée d'anges les accompagnait en chantant. Mais Léon a beau tourner la tête de tous les côtés, il ne voit personne.

Léon – Mais, ces voix-là... D'où viennent-elles ?

Le premier génie – Des voix ? Vous entendez des voix ? Je n'entends rien, moi ! répond l'ange malicieusement.

Léon – Je n'suis quand même pas fou, tonnerre de pets d'mouches ! Là, ces chœurs. Alors ! Vous les entendez ?

Le premier génie – C'est curieux ! C'est curieux, j'ai beau tendre l'oreille, je ne perçois que le sifflement du vent !

Léon – C'est ça, c'est ça, oui... le sifflement du vent... Non mais dites-moi que je perds la boule pendant que vous y êtes !

Le petit génie ne répond pas, il sourit seulement.

Ils survolent d'abord la ville emmitouflée de brouillard... puis des montagnes luisantes de givre sous la lune, et ils atterrissent enfin dans un petit village. Léon regarde autour de lui, très surpris.

Léon – C'est le village de mon enfance. L'église, le pont… oh, et ma petite école !

Le premier génie – Regardez par la fenêtre, Léon, regardez bien : la classe n'est pas tout à fait vide…

Léon – Mais qu'est-ce que fait ce petit garçon, seul ici à cette heure de la… Mais je reconnais cet enfant, c'est moi ! Moi quand j'étais petit ! Je me souviens : cette année-là, pour me punir, on m'avait privé de Noël. Combien de larmes j'ai versées ici, loin de ma famille, et comme j'ai pu la maudire, cette fête de Noël !

Le premier génie – Et vous la maudissez toujours, n'est-ce pas ? lui souffle le petit génie en le reprenant gentiment par le bras.

Subitement, le décor change. Il fait jour à présent, et les voilà dans un parc : un parc que Léon connaît mais où il n'est pas venu depuis longtemps... très très longtemps. Et soudain son attention est attirée par un couple d'amoureux.

Léon – Mais c'est moi, aussi, ce jeune homme ! Moi à 20 ans. Et la jeune fille, c'est Hélène, mon amour de jeunesse. Comme elle était belle, et comme je l'aimais ! Elle avait les yeux les plus ensoleillés que j'aie jamais vus ! Elle m'a quitté peu de temps après, elle disait que je tenais plus à l'argent qu'à elle... Quel imbécile j'ai été ! Oh, oh... et puis... Oh, ça suffit... Petit génie, ramène-moi. Ces souvenirs me font trop mal ! Ça me...

Léon n'a pas le temps de terminer sa phrase qu'il se retrouve dans son lit.

Il commençait à peine à se ressaisir quand tout à coup un géant magnifique, en cape rouge et coiffé d'une couronne de houx, secoue les barreaux de son lit.

Le second génie – Allez, allez, allez ! Levez-vous, l'ami, Je viens vous chercher, et n'ayez pas peur ! Je suis le génie du Noël présent !

Et voilà que le vieux grigou, sans même avoir eu le temps de protester, se retrouve derrière lui, en train d'arpenter la ville. Mais quand le géant fait un pas, lui doit en faire au moins six, ce qui le fait courir à toute allure... Curieusement, il n'est pas du tout essoufflé. Léon sent même en lui une énergie qu'il n'a pas connue depuis des années.
Cette musique a en elle une telle allégresse que notre Léon ne peut s'empêcher d'éprouver comme... un soupçon de gaieté ! Oh, tout petit, le soupçon, mais tout de même !

Et c'est dans le quartier le plus pauvre, dans la plus sombre et la plus sale des ruelles, aux égouts d'une odeur répugnante, et devant la plus petite de toutes ces maisons délabrées, que le géant, enfin, s'arrête. La musique joyeuse aussi s'est arrêtée, pour laisser sa place à une autre mélodie, aussi belle mais plus mélancolique.

Léon – Mais d'où elles viennent, toutes ces musiques ? Je n'y comprends rien, rien de rien !

Le second génie – Des musiques ? Vous avez bien de la chance d'en entendre, vous ! Moi, au milieu de cette misère, je n'entends que des soupirs, des pleurs ou des prières !

Léon – Oui... Oui, bon ! Mais ! N'empêche que moi, je les entends bien, ces musiques, tonnerre de pets d'mouches !

Le génie ne lui répond pas, mais d'un signe de tête il l'invite à regarder par la fenêtre de la petite maison. Léon voit alors une femme misérablement vêtue mettre le couvert, pendant que son mari fait cuire leur repas de Noël : quelques maigres pommes de terre. Leur petit garçon est déjà à table.

Léon – Mais, cet enfant... les béquilles qu'il a près de lui... Il marche avec des béquilles !?

Le second génie – Oui, il est très malade, et son état s'aggrave de jour en jour, mais ses parents ne peuvent rien faire. Sans argent... pas de médecin !

À ce moment, le père se retourne pour poser le plat de pommes de terre sur la table, et Léon le reconnaît : c'est son employé... Il se passe alors une chose tout à fait magique, extraordinaire : des yeux du géant jaillissent de minuscules étoiles filantes, qui atterrissent dans le plat de pommes de terre. Et aussitôt, en plein milieu, vient se loger une dinde énorme, juteuse et fumante, comme sortie directement d'un four. Les parents et leur fils se regardent ahuris, puis ils s'embrassent, pleurent de joie, rient et enfin remercient le Ciel pour ce miracle de Noël tellement bien venu. Léon est stupéfait. Le géant, lui, laisse éclater sa joie :

Le second génie – Ha, ha, ha ! Je n'ai pas pu m'en empêcher, c'était plus fort que moi. Ah ! c'est tellement bon de faire le bien autour de soi ! Allez, venez, l'ami, on n'a pas fini, on a encore des choses à vivre !

Et, d'une grande et chaleureuse tape sur l'épaule, Léon se fait littéralement catapulter. Et...

Et il atterrit… à l'opéra, oui, dans une grande salle d'opéra, au beau milieu des spectateurs. Mais que lui arrive-t-il tout à coup ? Il est là, figé, bouche bée et méconnaissable.
Méconnaissable parce qu'un sourire… oui, oui, vous avez bien entendu… un sourire est venu illuminer son visage. Le public est enthousiaste, mais c'est lui, notre Léon, qui applaudit le plus fort… Il se tourne ensuite vers le génie qui vient d'apparaître à ses côtés.

Léon – Ah, ces voix… Je ne pouvais pas imaginer que ça existait, des voix pareilles ! Tonnerre de pets d'mouches ! Et la musique ! Oh, cette musique, vous l'avez entendue ? Mais qui l'a écrite ? Quelqu'un de connu ?

Le second génie – Ben plutôt, oui, c'est Giuseppe Verdi. Cherche bien : n'as-tu jamais entendu parler de lui, hein ?

Léon – Verdi… Giuseppe Verdi ! Ah ! mais oui ! C'était le fameux compositeur italien que mon frère adorait. Oh, je me souviens : si vous saviez combien de fois il a essayé de me faire découvrir sa musique… Le pauvre n'y est jamais arrivé…

Le second génie – De son vivant, non ! Mais maintenant, si !

Léon – Comment… Vous voulez dire que… de là-haut, il… ?

Le second génie – De là-haut, oui ! Et je peux dire que c'est un des plus beaux cadeaux de Noël que j'aie jamais vu, tonnerre de pets d'mouches ! Ha, ha, ha !

Et c'est dans cet éclat de rire tonitruant que le génie disparaît comme par enchantement.

Léon sort de l'opéra, très ému. Il pense à son frère... Et des regrets amers commencent à lui barbouiller le cœur.
À l'autre bout de la grande place vide, il voit maintenant un inquiétant personnage s'approcher lentement... aussi lentement que glisse un brouillard au ras du sol. Une longue cape noire l'enveloppe tout entier. Un capuchon lui cache le visage.
Cette musique, qui semble avancer avec lui, est aussi belle qu'angoissante.
La silhouette sombre est tout près, maintenant. Léon s'étrangle dans un sanglot :

Léon – Je crois savoir qui vous êtes, et je vous redoute. Vous êtes le génie des Noëls à venir, hein, c'est cela ? Et vous allez me montrer... ce qui va m'arriver ?

La tête au capuchon noir s'incline mais reste muette. Les pans de la grande cape sombre alors s'entrouvrent et laissent apparaître un autre endroit : un cimetière. Un frisson glacé parcourt le dos du vieil homme. Il sait bien que ce serait inutile de résister, aussi se laisse-t-il soulever et emporter par l'immense cape du lugubre troisième génie.

Le cimetière est désert. Enfin, presque : là-bas, devant une toute petite tombe, un homme pleure. C'est son employé.

Léon – Mais cette petite tombe, ce n'est pas celle de… Oh non ! Son petit garçon est donc… Oh !

Deux hommes passent devant lui sans le voir.

Le premier homme – Le vieux qu'on a enterré hier, tu sais, celui qui n'avait personne à son enterrement… C'est vrai qu'il était très riche ?

Le deuxième homme – Ouais ! Mais il gardait tout pour lui. Et le comble… c'est qu'il n'en faisait rien : il ne se rendait même pas la vie plus agréable, l'imbécile ! Tout le monde le détestait, pas étonnant qu'il soit mort seul et abandonné comme un chien !

Le premier homme – Eh ben, en voilà un au moins que personne ne va regretter ! Ha, ha, ha !

Le vieil homme a un effroyable pressentiment. Le troisième génie lève alors la main et du doigt lui désigne le fond du cimetière. Léon s'y précipite. Et là, dans un coin sombre et retiré, il voit en effet une tombe fraîchement refermée et... pas une fleur, pas une couronne, pas même une modeste petite croix, rien ! En tremblant, il se penche alors sur la pierre tombale et lit un nom... Le sien : Léon Ladre.

Il cherche le génie. Il veut lui dire qu'il a compris, qu'il n'est plus le même homme... Mais où est-il, ce génie ? Il a disparu ! Alors Léon s'affole, court dans tous les sens. Il s'essouffle, dégouline de sueur. Mais où est la sortie ? Il ne trouve pas. Il est désespéré. Ses mains s'agrippent à la grille du cimetière. Il la secoue de toutes ses forces et s'étonne que les barreaux ne soient plus en fer, mais... en bois... comme ceux d'une... d'une colonne de lit... Comme ceux de... de son lit !

Léon est dans sa chambre, épuisé, mais bien en vie. Et c'est le matin ! Génies, fantômes ou esprits, ou peut-être simplement cauchemars, peu importe, tout cela s'est envolé. Il saute dans ses vêtements et s'élance dans la rue. Il fait un froid sec et vivifiant, un de ces froids qui jouent du pipeau pour vous faire danser le sang dans les veines, vous voyez !
Il gambade, léger comme une plume. Il souhaite un joyeux Noël à tous ceux qu'il croise. Il caresse au passage la tête de quelques enfants.
Tout ce qu'il voit lui fait plaisir ! Il s'arrête devant deux clochards, leur remplit les poches de billets et accepte de bon cœur de partager avec eux un verre de vin chaud.
Un peu plus tard, les bras chargés de paquets, il frappe à la porte de son employé.

Léon – Bonjour, c'est moi... Heu... Je suis venu vous apporter quelques petits cadeaux et puis vous dire que... eh bien, que, que j'ai décidé d'augmenter votre salaire, voilà ! Ah ! et puis ce n'est pas la peine de venir travailler aujourd'hui : c'est Noël, après tout !

Puis il repart en sautillant de joie comme un écolier. Ah ! si vous aviez pu voir les têtes de l'employé et de sa petite famille !

VERDI
LA FORCE
DU DESTIN

Après cette fabuleuse nuit, notre vieux Léon vécut encore quelques belles années. Sa fortune servit enfin à quelque chose : à faire beaucoup d'heureux autour de lui, à commencer par le petit garçon de son employé, qu'il fit soigner par les meilleurs médecins. Mais il fit plus encore : il devint pour cet enfant comme un délicieux grand-père... Souvent, le soir, il venait l'aider à faire ses devoirs, lui raconter des histoires, et parfois, devinez quoi ? Il l'emmenait avec lui au concert !

Léon – Je veux que tu découvres très tôt un des plus beaux plaisirs de la vie ! Tu verras, mon petit, la musique, plus tu en écoutes, plus tu l'aimes, et moins tu peux t'en passer ! Tonnerre de pets d'mouches ! Ha, ha, ha.

Voilà. L'histoire pourrait s'arrêter là... mais peut-être aimeriez-vous savoir ce qu'est devenu ce petit garçon. Musicien, évidemment ! Il choisit d'apprendre le violoncelle et fit partie des plus grands orchestres de notre pays. Il aimait particulièrement interpréter cette œuvre de Giuseppe Verdi, intitulée *La Force du destin.*

La Force du destin... Un titre qui va bien avec cette histoire, vous ne trouvez pas ?

Fin

Édité par : Éditions Glénat

Services éditoriaux et commerciaux :
Éditions Glénat – 39, rue du Gouverneur-Général-Éboué
92130 Issy-les-Moulineaux

Illustrations : Nancy Ribard
Illustration sonore : Jean-François Leroux
Photo de couverture : Eric Robert/Corbis

Loi n° 49-956 du 16 juillet 1949 sur les publications destinées à la jeunesse.

Imprimé en Italie par L.E.G.O. S.p.A.
Viale dell'Industria, 2 – 36100 Vicenza
Le papier utilisé pour la réalisation de ce livre provient de forêts gérées de manière durable.

Achevé d'imprimer : novembre 2009
Dépôt légal : novembre 2009
ISBN : 978-2-7234-7324-8